참
소중한
이야기

Parábolas de Virtude

Darlei Zanon

© PAULUS Editora, 2008
Korean translation copyright © 2013 by ST PAULS, Seoul, Korea

인생 예화
참 소중한 이야기 덕德

초판 발행일 2013. 7. 5
1판 3쇄 2020. 7. 28

글쓴이 다를레이 지농
옮긴이 김동주 수사
펴낸이 서영주
총편집 한기철　**기획** 김동주, 김준모
편집 김정희　**디자인** 박지현　**일러스트** 성미나
제작 김안순　**마케팅** 서영주　**인쇄** 세진디피에스

펴낸곳 성바오로
출판등록 7-93호 1992. 10. 6
주소 서울특별시 강북구 오현로7길 20(미아동)
취급처 성바오로보급소　**전화** 944-8300, 986-1361
팩스 986-1365　**통신판매** 945-2972
E-mail bookclub@paolo.net
인터넷 서점 www.**paolo**.kr
www.facebook.com/**stpaulskr**

값 13,000원
ISBN 978-89-8015-820-1
교회인가 2013. 4. 25　**SSP** 972

이 도서의 국립중앙도서관 출판시도서목록(CIP)은 서지정보유통지원시스템 홈페이지(http://seoji.nl.go.kr)와 국가자료공동목록시스템(http://www.nl.go.kr/kolisnet)에서 이용하실 수 있습니다. (CIP제어번호 : CIP2013009359)

이 책은 저작권법의 보호를 받으므로 무단전재와 무단복제를 금합니다.
이 책 내용의 전부 또는 일부를 재사용하려면 반드시 저작권자와 성바오로출판사의 동의를 얻어야 합니다.

/ 인생 예화 /

참
소중한
이야기

다를레이 자농 글 / 김동주 수사 옮김

옮긴이의 말

우리는 날마다 좋은 소식보다는 슬프고 안타까운 소식들을 많이 들으며 살고 있습니다. 비뚤어진 가치관, 흔들리는 윤리 의식에서 비롯되는 수많은 사건들 속에서 우리의 삶은 얼마나 삭막해지는지요.

여기 실려 있는 이야기들은 단순한 이야기들이지만 우리가 잊고 살아가는 삶의 고귀한 가치를 다시 한 번 성찰할 시간을 갖게 해 줄 것입니다. 그리고 이 따뜻한 이야기들을 통해 우리 마음속에 생긴 두꺼운 벽들을 조금이나마 허물어 버릴 수 있을 것입니다.

번역을 하면서 그동안 잊고 살았던 삶의 숨은 보화들을 발견하는 시간을 갖게 되어 가슴이 뛰고 무척 행복했습니다. 그 행복을 모두와 함께 나누고 싶습니다.

어느 유명한 현자가 세 가지만 가진다면 더 이상 부러울 것이 없다고 한 말이 기억납니다.

"따듯한 차 한 잔, 좋은 책 한 권, 비바람을 피할 수 있는 방 한 칸!"

이 책을 읽는 모든 분들의 마음속에 행복이 가득해지기를 기도합니다.

서울 미아리 수도원에서
김동주 도마 수사

차례

옮긴이의 말

- 모래와 돌 *11*
- 양심의 건강 진단 *19*
- 전갈의 본능 *27*
- 내 마음 안의 애완동물은? *33*
- 속단 *41*
- 무료입장 *51*

- 대장장이의 인생 57
- 자부치카베이라 65
- 가장 소중한 가치 71
- 지혜로운 노예 81
- 요정과 장미 91
- 구멍 난 배 99

차례

- 숯 덩어리 *105*
- 옷은 말하지 못한다 *113*
- 성 토마스의 덕 *119*
- 교사와 뱃사공 *127*
- 옥수수 *135*
- 사랑, 성공, 재물 *141*

- 내 인생의 주인은 누구? *151*
- 거울 집 *157*
- 두 형제 *163*
- 가장 큰 재산 *171*
- 딱딱해진 빵이라도 *177*
- 불가능은 없다 *185*

모래와 돌

● ● ● 용서 / 감사 / 우정 / 성장 / 기쁨 / 떠나보냄

아랍인 친구 둘이 사막 너머의 먼 도시로 여행을 떠나기로 했다. 사막은 언제나 무더운 열기와 위험 요소가 있으므로 동반자들이 서로를 의지하지 않으면 안 되는 곳이다. 그런데 두 사람 사이에 다툼이 생겼다. 나이 많은 친구가 화가 잔뜩 나서 젊은 친구에게 험한 소리를 퍼붓고 따귀까지 때렸다. 그러자 뺨을 맞은 친구는 아무 말도 않고 몸을 돌려 모래 위에 무엇인가를 썼다.

"오늘 가장 친한 친구가 내 뺨을 때렸다."

다툼 후에도 그들의 여행은 계속되었다. 드디어 오아시스에 도착했다. 지치고 땀범벅인 그들이 시원한 물에 몸을 씻고 있는데, 갑자기 뺨을 맞았던 친구가 균형을 잃고 오아시스 한가운데 빠져 버렸다. 그가 당황해 허우적거리자 뺨을 때렸던 친구는 1초의 망설임도 없이 친구를 구하러 깊은 물속으로 뛰어들었다. 다행히 둘 다 무사히 물 밖으로 나올 수 있었다. 목숨을 잃을 뻔했다가 간신히 살아난 젊은 친구는 문득 칼을 꺼내 돌에 무엇인가를 새기기 시작했다.

"오늘 가장 친한 친구가 내 생명을 구해 주었다."

그 특이한 행동을 유심히 지켜보던 나이 많은 친구가 물었다.

"아까 내가 너를 때렸을 때는 모래 위에 글을 쓰더니 지금은 왜 돌에 쓰는 거야?"

젊은 친구가 빙긋이 웃더니 대답했다.

"네가 내게 상처를 주었을 때는 모래에 글을 써서 망각의 바람과 용서의 비가 그 상처를 치유하게 했지만, 이제 네가 나를 도와주었으니 절대 잊어버리지 않도록 돌에 새겨 놓았지!"

생각 넓히기

살다 보면 아무리 친한 사이라도 서로 이해하지 못하고 갈등을 빚거나 이별을 하는 경우가 종종 있습니다. 그런 일은 우리 주변에서 언제든 일어날 수 있으므로 너무 심각하게 받아들일 필요가 없습니다. 오히려 그런 상황에서 어떻게 문제를 풀어 나가느냐가 더 중요합니다. 결과적으로 그러한 일들을 통해 우리는 성장하고 보다 두터운 우정을 쌓아 가기 때문입니다.

안 좋은 일을 모래 위에 적는 것은 용서하겠다는 열린 마음의 표현입니다. 삶의 어려움을 극복해 내겠다는 의지를 드러내는 것이기도 합니다. 갈등이 생길 때는 우선 상황을 파악하고 지혜롭게 헤쳐 나가야 합니다. 물론 힘들고 어려운 상황에서 마음의 평화를 잃지 않고 상대방을 용서하기란 결코 쉬운 일이 아닙니다. 하지만 고통의 순간을 기쁨의 순간으로 변화시키는 능력을 길러야 합니다. 영원히 잊지 못할 순간들을 만들 수 있을 테니까요!

 상처받았을 때, 기쁨을 느꼈을 때 어떻게 반응합니까? 상황을 받아들이고 마음을 가라앉히거나 화해하기가 편한지요? 감사와 용서라는 덕스러운 말과 얼마나 친한가요? 매일의 삶 속에서 난관에 부딪히거나 감사할 일이 생겼을 때 행복을 누리기 위해 모래나 돌에 글을 쓰는 훈련을 시작해 보면 어떨까요?

양심의 건강 진단

양심 / 정직 / 인격 / 충실 / 윤리

네팔의 유서 깊은 사원에서 일어난 일이다. 사원의 재정이 나빠져 승려들이 어려움을 겪고 있었다. 하루하루 먹고살 것도 걱정인데, 건물 여기저기 무너져 내리는 곳이 한두 군데가 아니었다. 승려들이 할 수 있는 일은 그저 탁발과 기부에 의존하는 것뿐이었다. 배고픔과 추위와 질병만으로도 힘겨운데, 기도 시간까지 부족하자 승려들 사이에서 불평불만이 계속해서 늘어 갔다. 하루의 대부분을 탁발에 매달려야 했으므로 감정은 점점 더 격해졌다. 마침내 단체적으로 항의가 일어나자, 나이 많은 스승이 말했다.

　"내게 아주 좋은 방법이 하나 있다네. 그대로 하면 자네들은 원하는 만큼 기도도 하고 배불리 먹고 사원 여기저기 보수도 할 수 있을 것이네."

　승려들이 귀를 쫑긋 세우고 그의 주변에 모여들

자, 스승은 이어서 말했다.

"모두 마을에 내려가서 한 사람이 하나씩 가장 귀한 것을 훔쳐 오게. 사원에 큰 도움이 될 걸세. 귀한 물건이니 큰돈이 될 테지."

스승의 말이 끝나자 승려들은 혼란스러워하며 수군거렸다. 어떻게 저런 말도 안 되는 방법을 해결책이라고 내놓는지 이해할 수 없었지만 스승에 대한 신뢰가 워낙 컸으므로 감히 묻지도 못했다.
스승이 다시 말했다.

"그런데 딱 한 가지 조건이 있다네. 도둑질하는 순간 아무도 자네들을 못 보았다는 확신이 들어야만 하네. 우리 사원과 승려들의 명예에 먹칠을 해선 안 되니까."

말을 마치고 스승이 방을 나가자 승려들은 어떻게 하면 쥐도 새도 모르게 마을의 값진 물건을 훔쳐 올지 머리를 짜내기 시작했다. 그런가 하면 한편에서는 황당하다는 얼굴로 삼삼오오 논쟁도 하고 있었다. 도둑질은 잘못된 것이라고!

스승의 제안이 터무니없다고 생각들을 하면서도 잠시 후 모든 승려들은 각자 나름의 계획들을 품고 마을로 내려갔다. 무엇보다 가장 큰 걱정은 사원의 명예를 더럽히지 않고 도둑질에 성공하는 것이었다. 그런데 승려 한 명이 사원에 남아 그대로 앉아 있었다. 스승이 조용해진 사원을 거닐다가 그를 발견하고 다가가 물어보았다.

"무엇을 하고 있느냐?"

그가 또렷하게 대답했다.

"스승님이 말씀하신 조건, 그러니까 아무에게도 들키지 않고 훔친다는 것을 곰곰이 생각해 보았는데 그건 불가능하다고 생각합니다. 제가 어디를 가든, 어디에 머무르든지 그분은 언제나 저를 바라보고 계시기에 제가 도둑질하는 모습도 지켜보고 계실 테니까요."

스승은 흡족한 듯 고개를 끄덕이며 말했다.

"단 한 사람만 깨달음을 얻었군. 모두의 양심이 얼마나 건강한지 알아보고자 한 것인데 자네만 양심 시험에 통과했군!"

생각 넓히기

 양심에 반하는 유혹은 일상에서 빈번하게 일어납니다. 뇌물, 청탁, 부당 거래 등등. 삶을 악하게 하는 일이 참 많습니다. 상사나 친구가 부당한 요구를 강요할 때 양심에 따라 그것을 거절할 줄 알아야 합니다. 허락하거나 거절하거나 그것은 우리가 감당해야 할 책임입니다. 책임 의식을 가지고, 정직과 성실함을 잃어버려서는 안 됩니다. 자신에게 던져지는 요구들을 되돌아봅시다. 자기 행동에 책임을 져야 합니다. 그러므로 양심의 건강을 관리하기 위해서 엄격한 자기 관리가 필요합니다.

 옳은 일과 잘못된 일을 판단하는 기준은 무엇인가요? 자신에게 주어지는 요구들 가운데 상식 밖의 요청에는 어떻게 반응을 하는지요? 양심의 건강을 관리하기 위해서 엄격한 노력이 필요합니다.

전갈의 본능

덕행 / 자비 / 선한 마음 / 진실한 행동 / 연대감

네팔의 한 사원에 많은 제자를 둔 스승이 있었다. 여름 장맛비가 시원하게 내리던 날, 그는 이야기가 하나 떠올랐다. 제자들과 함께 마을에 갔다가 사원으로 돌아오는 길에 있었던 일이다. 다리를 건너는데 마침 강물에 전갈 한 마리가 떠내려가는 것이 보였다. 스승은 곧바로 내려가 물속으로 뛰어들어 전갈을 건져 주었다. 그런데 스승이 전갈을 들고 뭍으로 나오는 순간, 전갈이 그의 손을 있는 힘껏 쏘았다. 그는 너무 아픈 나머지 "아악!" 하고 비명을 질렀다. 순간, 그는 전갈을 놓치고 물에 빠졌다. 가까스로 강가로 올라온 스승은 나뭇가지 하나를 집어 다시 전갈을 구해 주었다. 마음이 뿌듯해진 스승과 상황을 모두 지켜본 제자들은 말없이 걸어 사원에 도착했다. 스승의 행동을 이해할 수 없던 제자가 물었다.

"스승님, 뭐 때문에 징그럽고 독이 있는 벌레를

힘들게 구해 주셨습니까? 그냥 물에 빠져 죽도록 놓아두는 편이 다른 사람에게도 좋은 일이잖아요. 스승님, 손을 보세요! 얼마나 아프세요? 못된 전갈이 목숨을 구해 준 스승님께 독으로 보답했잖아요? 그런 녀석에게 무슨 자비가 필요한가요?"

스승은 평온하게 대답했다.

"전갈은 자기 본능에 따라 움직였을 뿐이다. 살기 위해 나를 쏘았던 게지. 나도 내 마음에 따라 행동했을 뿐이다."

생각 넓히기

　말보다 행동이 중요하고 가치가 있다는 사실을 우리는 너무나 잘 알고 있습니다. 좋은 행동은 덕을 통해 나옵니다. 일상에서 덕을 수양하지 않으면 옳은 일을 실천하는 데 어려움을 겪을 것이 분명합니다. 덕은 친구를 통해서, 가정이나 학교, 사회에서 배우고 발전시킬 수 있습니다. 덕은 우리를 선하고 협력할 줄 아는 친절한 사람으로 이끌어 성숙한 인격을 지니도록 도와줍니다. 한결같은 태도가 상황에 따라서 어리석고 바보 같아 보일 때도 있습니다. 그러나 우리 자신이 선행을 실천하고 있다면 상황적 두려움은 결코 중요하지 않습니다. 늘 긍정적으로 바라보고 선을 향하십시오. 그 대상이 사람이든 동물이든 식물이든 마찬가지입니다.

 주로 어떤 덕을 통해 선한 행동을 하게 되나요? 상황에 상관없이 덕행을 실천할 수 있나요? 언제 좋은 행동을 하고, 언제 좋지 않은 행동을 합니까? 상황에 구애받지 말고 모든 이들에게 선한 행동을 실천해 봅시다.

내 마음 안의
애완동물은?

인내 / 온유 / 용서 / 분노 / 증오

학교에서 심한 따돌림을 당하는 소년이 있었다. 소년은 분하고 화가 나서 할아버지의 품에 안겨 서럽게 울었다. 할아버지는 손자를 따듯하게 다독이며 이야기를 들려주었다.

"할아버지도 너처럼 다른 사람들 때문에 자주 상처를 받고 마음에 분노가 가득 차 있었단다. 못되게 굴고 사과도 하지 않는 동료들에게 분노가 치밀었지. 게다가 그들 중 한 명은 나랑 제일 친한 친구였단다. 하지만 시간이 흐른 후 한 가지를 깨닫게 되었단다. 분노에 사로잡혀 사는 동안 가장 힘든 건 나 자신이라는 사실이었지. 분노란 다른 누구보다 나 자신을 망가뜨리는 것이더구나. 앙갚음할 때를 노리며 마음에 분노라는 독약을 계속 숨기고 살다 보면 결국 죽는 건 바로 나였지. 참 부질없는 짓이란다. 이런 사실을 깨달은 다음부터는 내 마음 안에서 분노라는 감정을 잘 달래어 몰아내려고 애쓰게 되었지."

소년이 울음을 그쳤고 할아버지는 계속 말했다.

"사람의 마음속에는 두 가지 동물이 있단다. 양과 이리란다. 양은 착해서 아무에게도 해를 끼치지 않고 항상 좋은 일만 하지. 양은 다른 이들과도 잘 지내고 자연스럽고 균형 있게 살아가지. 공격하는 법이 없지. 다만 양은 공격당하거나 정당한 경우에만 싸운단다. 그런데 사람 마음 안에는 이리도 있단다. 이리란 녀석은 젖 먹던 힘까지 다 내어 화를 내지. 하루 중 대부분을 불만에 차서 살기에 신경질적이지. 이리는 분노를 삭이지 못할 뿐 아니라 거기에 온 기력을 쏟아 버려 올바른 판단과 행동도 못한단다."

할아버지는 생각에 잠긴 손자를 바라보며 다시 이어서 말했다.

"우리 마음속에도 양과 이리처럼 선과 악이 공존

한단다. 이 둘이 함께 산다는 것은 쉬운 일이 아니지. 둘은 항상 싸우려고 들거든. 세상에 서로 제 힘을 자랑하려고 난리를 피우지. 어느 쪽이 더 강한지 힘겨루기를 하는 거란다."

소년은 할아버지의 눈을 바라보며 물었다.

"그럼 둘 중 누가 이기나요? 양인가요, 아니면 이리인가요?"

미소를 머금고 할아버지가 대답했다.

"그야 물론 자주 먹이를 주는 쪽이지! 즉 선행을 해서 양의 배를 채운다면 양이 이기고, 나쁜 행동으로 이리의 살을 찌운다면 이리가 이기겠지."

생각 넓히기

　우리 마음속에 양과 이리가 존재하는 것은 부정할 수 없는 사실입니다. 또 누구나 사나운 이리를 물리치고 선한 양이 되고 싶어 합니다. 선한 양이 자라기 위해서는 이리에게 먹이를 주지 말고 착한 행동과 좋은 감정을 유지해야 합니다. 그러므로 슬픔과 분노와 이기심을 이겨 내고 선행을 쌓아야겠지요. 누구나 의지만 있다면 삶은 보다 건강하고 행복해질 수 있습니다. 선행 쌓기 도전에 앞서, 우리를 망가트리는 독과 같은 상처나 복수심, 원망 등과 결별해야 합니다.

여러분은 양을 키우고 있습니까, 이리를 키우고 있습니까? 어떻게 먹이를 주고 있습니까? 양이 승리하도록 어떤 선행을 쌓고 있습니까? 여러분에게 상처를 준 사람이나 구체적인 상황을 떠올려 보세요. 상대방의 입장이나 당시의 상황을 이해하려고 노력하며 용서를 시도해 보세요.

속단

인내 / 속단 / 선입견 / 경솔

유럽에서 전쟁과 굶주림으로 힘겹고 비참한 하루하루가 계속되던 때의 이야기이다. 한 시골 마을에 지혜로운 농부가 살고 있었다. 그에게는 돈으로 환산할 수 없을 만큼 소중한, 눈부시게 희고 멋진 말이 있었다. 부자들이 그 말을 사려고 갖은 애를 썼지만 농부는 절대 팔지 않았다. 그러던 어느 날 마구간에 있어야 할 말이 사라졌다. 마을 사람들이 이때다 싶은지 그를 비웃기 시작했다.

"기어이 일이 터졌군! 진작 이런 일이 터질 줄 알았다고! 그렇게 멋진 말은 도둑맞기 십상이지. 이 바보 같은 사람아! 도둑놈이 훔쳐 가기 전에 팔았어야지!"

하루 종일 마을 사람들의 빈정거림을 묵묵히 듣고 있던 농부가 조심스럽게 입을 열었다.

"지금 이 일이 앞으로 어떻게 될지 아직은 정확히 알 수 없습니다. 속단하기엔 이릅니다. 단지 말이 마구간에서 사라졌을 뿐입니다. 좋은 일이 될지 나쁜 일이 될지 어찌 압니까? 그저 앞으로 어떤 일이 생길지 기다릴 뿐입니다."

농부의 말에도 사람들은 계속 비웃었다. 농부는 말이 사라진 사실 외에 다른 생각은 하지 않았다. 평생 스스로 확신을 갖고 살아 왔고, 그의 말은 영리했으므로 불필요한 상상은 하지 않았다. 정확히 보름이 지나고, 사라졌던 백마가 돌아왔다. 게다가 놀랍게도 백마는 멋진 말을 열 마리나 더 데리고 나타났다. 백마는 도둑맞은 것이 아니라, 마을 외곽의 숲 속에 나갔다 돌아온 것이다. 마을 사람들이 다시 농부의 집에 모여들었다.

"자네 말이 옳았군! 나쁜 일이 아니라 오히려 좋

은 일이었군. 하느님의 축복일세!"

농부가 말했다.

"속단할 수 없습니다. 그냥 사라졌던 말이 돌아온 것뿐입니다. 이것이 축복인지 불행인지는 아직 모릅니다. 또 무슨 일이 생길지 알 수 없으니까요."

마을 사람들은 멋진 말이 열 마리나 거저 생겼는데도 기뻐하지 않는 농부가 어쩐지 이상했지만 더 이상 다른 말은 하지 않았다. 농부의 아들이 숲 속에서 온 말들을 길들이기 시작했다. 그런데 몇 주 후 아들이 말에서 떨어져 허리를 크게 다치고 하반신이 마비되었다. 안타까운 소식을 들은 마을 사람들은 농부의 집에 찾아가 위로하며 그의 말이 옳았음을 또 다시 확인했다. 농부는 차분하게 말했다.

"여러분은 속단하는 데 익숙해 있습니다. 그냥 제 아들이 말에서 떨어져 허리를 크게 다쳤다고 말해야 옳은 것 아닙니까? 아무도 미래의 일은 알 수 없습니다. 당장 내일 일도 우리는 잘 모릅니다."

한편 전쟁으로 인해 마을의 젊은이들 대부분이 징집되었다. 그들의 부모들은 슬픔에 잠겨 아무것도 할 수 없었다. 마을 사람들은 전쟁이 얼마나 잔인하고 슬픈 것인지 알고 있었고 자식들이 집으로 다시 돌아오지 못할 수도 있다는 것을 예감했다. 말에서 떨어져 걸을 수 없는 농부의 아들만이 유일하게 징집에서 제외되었다. 마을 사람들은 또 농부의 집에 몰려가 말하기 시작했다.

"자네 말이 맞았네! 세상사는 참 알 수가 없네. 축복인 줄 알았는데 불행이 되고 불행인 줄 알았는데 축복이 되기도 하고 말이네. 자네 아들은 허리를 다쳐 집에서 자네와 함께 지내게 되었지만 우리 아이들은 다시는 집에 돌아오지 못할지도 모른다네."

농부가 결론처럼 말했다.

"끝까지 속단하는군요. 여러분의 아들들은 전쟁 때문에 전장에 나간 것뿐입니다. 앞으로 일이 어떻게 될지 아무도 모릅니다. 좋은 일인지 나쁜 일인지는 두고 봐야 압니다."

생각 넓히기

어떤 상황에서 한 가지만 보고 속단을 내리면 안 됩니다. 많은 경우에 다른 일이 일어날 수도 있기 때문입니다. 동물적 본능과 직감으로 속단해 버린다면 심각한 상황을 맞을 수도 있습니다. 눈앞에 벌어진 일만 보고 성급한 결정을 내리면 자주 실수를 하게 됩니다. 순리대로 상황을 풀어 가며 삶의 의미를 깨닫기보다는 어려움을 초래하기 쉽습니다. 인생은 오르막길과 내리막길의 연속입니다. 때로는 모든 것이 잘 풀리기도 하고, 좋지 않은 일이 계속 이어지기도 합니다. 하지만 모든 일은 지나가기 마련입니다. 인생이란 한 가지 숙제가 끝나면 또 다른 새로운 숙제가 다가오고, 한 길을 걷고 나면 또 다른 길이 시작됩니다. 덕을 쌓는다는 것은 자신에게 주어진 각각의 상황을 잘 활용하는 것이라고도 할 수 있습니다. 덕행은 삶을 윤택하고 아름답게 만들어 줍니다. 열정을 다해 살 때 삶은 축복을 받게 됩니다.

 예상치 못한 상황에 부딪혔을 때 성급하게 즉흥적으로 판단합니까? 아니면 인내심을 가지고 상황을 예의 주시하며 기다립니까? 어떤 기준으로 문제를 판단하고 있습니까? 이번 이야기처럼 축복인 줄 알았는데 불행이었고, 불행이라고 여긴 일이 축복이 된 경우가 있었습니까? 첫인상이나 직감만으로 주변 사람들을 판단하지는 않습니까? 앞으로는 성급한 판단을 어떻게 다루어 나가겠습니까?

무료입장

거짓말 / 정직 / 정의 / 올바름 / 모범

상파울로에 안토니오라는 사람이 살고 있었다. 성실한 그에게는 어린 아들이 둘 있었다. 어느 주일 늦은 오후, 안토니오는 두 아들을 데리고 동물원에 갔다. 그가 매표원에게 물었다.

"입장료가 얼만가요?"
"여섯 살 이상의 어린이와 어른은 10헤아이스입니다. 여섯 살 미만의 어린이는 무료입니다. 아이들이 몇 살인가요?
"작은아이는 이제 세 살이고, 큰아이는 일곱 살입니다."

매표원은 고개를 갸웃하며 약간 비웃듯이 말했다.

"큰아이가 여섯 살이라고 했어도 믿었을 텐데…. 그랬다면 10헤아이스는 절약할 수 있었을 겁니다."

안토니오는 바로 대답했다.

"그래요. 제가 거짓말을 했어도 당신은 분명 속았을 것입니다. 하지만 아들 녀석은 제가 나이 문제로 거짓말한다는 것을 눈치챘을 것입니다. 겨우 10헤아이스 때문에 거짓말을 한다면 그동안 제가 자식들에게 가르친 모든 것이 무슨 소용이 있겠습니까?"

생각 넓히기

　정직과 정의는 가격을 매길 수 없을 만큼 귀중합니다. 덕은 타고나지 않아도 삶에서 배울 수 있습니다. 배움의 과정은 헌신과 희생과 노력을 요구합니다. 단지 상황에 따라 정의롭거나 정직한 사람이 되려고 해서는 안 됩니다. 자기 이익을 챙기려고 행한 부정에 대해서 부끄러움을 느끼지 못하는 이들이 많습니다. 작은 거짓말쯤은 아무렇지도 않게 여기는 이들도 많습니다. 그러나 사소한 일에 거짓을 말하고 정의롭지 못하면 큰 책임이 따르는 일에 있어서는 더 큰 거짓말로 스스로를 위태롭게 만들 것입니다. 악을 피하고 선을 바라보며 덕행을 쌓는 사람이 되기 바랍니다. 이 이야기는 존경받는 어른이 될 수 있는 예를 보여줍니다. 아이들은 어른의 말만 듣고 따르지 않습니다. 행동을 보고 배웁니다. 아이들은 어른, 특히 부모의 행동을 따라하므로 매사에 신중하고 올바르게 행동해야 합니다.

 성경에 이런 말이 있습니다.
"아주 작은 일에 성실한 사람은 큰일에도 성실하고, 아주 작은 일에 불의한 사람은 큰일에도 불의하다."(루카 16,10)
이 말씀과 이번 이야기에서 무엇을 배웠나요? 정의롭고 올바르게 행동하기 위해서 매일의 삶 속에서 자신의 행동을 돌아봅시다. 늘 정직하게 행동하기란 쉽지 않습니다. 가끔 자기 이익만을 챙기고 있지는 않습니까? 그런 유혹은 언제 받습니까?

대장장이의 인생

극복 / 겸손 / 인내 / 강인함 / 어려움

한 도시에 대장장이가 살았다. 동네 사람들은 그의 고집과 허풍, 심한 술주정까지 훤히 알고 있었다. 그런데 어느 날부터인가 대장장이가 딴 사람처럼 달라졌다. 쉴 새 없이 땀을 흘리며 일했고, 힘든 일도 마다하지 않았으며, 동네 사람들에게도 부드럽고 친절했다. 그런데 부지런함과 선행에도 그의 형편은 그다지 나아지지 않았다. 살면서 부딪치는 문제들은 점점 많아졌고 빚도 늘어만 갔다. 어느 날 친구가 그의 집을 방문했다.

"도대체 자네의 지금 상황을 이해할 수가 없네! 자네가 이렇게 달라지고 태도를 바꾸었는데도 자네 처지는 점점 더 나빠지고 있네. 인생이 점점 더 고달파지고 있지 않은가!"

대장장이는 잠자코 침묵했다. 그 역시 그 문제로 고민하고 있었기 때문이다. 잠시 뒤 대장장이가 친구에게 말했다.

"자네, 이 작업실에서 이루어지는 과정이 어떤지 아나? 울퉁불퉁 못생긴 강철을 쓸모 있는 연장으로 변화시키는 일말일세. 이 과정은 복잡하지만 반드시 필요한 단계를 거친다네. 먼저 아주 높은 온도의 불로 강철을 시뻘겋게 달구지. 그리고 원하는 모양이 나올 때까지 강철을 망치로 사정없이 두들겨야 하지. 그런 다음 찬물에 푹 담가 식혀야 하네. 그 순간 수증기와 열기가 대장간을 꽉 채우지. 이 과정을 여러 번 반복해야 해. 그래야만 비로소 온전한 연장이 완성되기 때문이지. 단 한 번만에 연장이 만들어지는 게 아니라네."

한동안 침묵이 흐르고 대장장이의 말이 이어졌다.

"숨 막히는 열기와 시끄러운 망치질, 찬물 담금질

은 힘겹지만 연장을 완성하기 위해서 반드시 거쳐야 하는 과정이라네. 가끔은 이런 과정을 거부하는 철도 있는데, 그런 철은 좋은 연장이 되지 못하지. 변변치 않은 연장은 그냥 대장간 한구석에 밀어 놓게 된다네."

친구는 대장장이의 지혜가 새삼 놀라웠다. 대장장이가 말을 계속했다.

"삶이란 게 원래 그리 녹록치 않지. 삶에서 일어나는 망치질 소리를 들어야 하고, 찬물을 뒤집어쓰는 담금질도 감내해야 하지. 내 유일한 바람은 연장이 온전한 형태로 만들어지고 유용하게 쓰이는 것이라네. 나 역시 아무짝에도 쓸모없는 사람이 되기는 싫으니까."

생각 넓히기

  삶은 다양한 단계를 거칩니다. 좋은 일은 우리를 흐뭇하게 하고 안 좋은 일은 슬프게 합니다. 중요한 것은 의지를 잘 활용하는 것입니다. 그래야만 시련을 극복하고 어려운 상황을 넘어설 수 있습니다. 선한 삶은 의지의 싸움인 동시에 가치 있고 감사한 일입니다. 선한 삶을 산다는 것은 우리 자신에게 달려 있습니다. 강한 의지는 어려움을 극복하고 선한 행동을 하도록 도와줍니다. 기쁨은 타인을 돕거나 삶이 얼마나 가치 있는 것인지 깨닫게 합니다. 항상 기뻐하고 겸손하며 인내하기를 바랍니다.

 선한 사람이 되려면 자신의 삶에서 어떤 변화가 필요하다고 생각합니까? 삶의 어려움들을 어떤 식으로 극복하고 있습니까? 여러분의 믿음은 좋은 철과 같이 굳건합니까? 아니면 대장간 구석에 버려지는 변변치 않은 철처럼 약합니까? 인생에서 간혹 망치질을 당할 때도 있었을 것입니다. 어려움이나 문제들을 돌이켜보고 망치질과 찬물을 뒤집어쓰는 담금질이 어떤 의미였는지 생각해 봅시다. 각자 자신의 삶의 목적을 염두에 두고 말입니다.

자부치카베이라

관용 / 기부 / 양심

자연을 무척 아끼는 노인이 있었다. 노인은 평생 나무를 돌보며 살았는데, 얼마 전 아주 흥미로운 경험을 하게 되었다. 그가 늘 하던 대로 평화롭게 나무들을 보살피고 있을 때였다. 스물도 안 되어 보이는 이웃집 청년이 다가와 말을 건넸다.

"할아버지, 그 나무의 이름이 뭔가요?"
"자부치카베이라라는 과일나무라네."

청년은 호기심에 가득 차 다시 물었다.

"그럼 언제쯤 열매를 따서 먹을 수 있나요?"
"음, 한 15년은 기다려야 할 걸세."

청년은 실소를 지으며 빈정거렸다.

"에이, 그러면 그때는 할아버지가 살아 계시지도

않겠네요."

노인은 태연히 미소를 지으며 대답했다.

"그렇지. 난 그때까지 살 수 없겠지. 이제 인생을 마무리할 나이지."

청년이 의아한 듯 다시 물었다.

"그런데 왜 나무를 가꾸시나요? 할아버지한테 무슨 좋은 일이 생긴다고요?"
"나는 그저 훗날 사람들이 자부치카베이라 열매를 따 먹는 것만으로도 행복하거든! 내가 얼굴도 모르는 누군가가 씨를 뿌리고 돌보아 수확한 과일들을 맛있게 먹는 것처럼 말일세."

생각 넓히기

덕이 있는 사람은 대가를 바라지 않고 감사하는 마음과 너그러움으로 행동합니다. 선행은 돌아올 이익을 계산하지 않습니다. 덕은 조건 없는 사랑을 실천하고 모든 이에게 베풀면서 누가 어떤 혜택을 받는지 알려고 하지 않습니다. 자기 자신만 생각하고 계산기를 두드린다면 그 일은 결국 가치 없는 일로 전락합니다. 사람의 성취감이나 행복지수는 이기주의나 자만심에서 멀어질수록 높아집니다. 사람들에게 호의를 베풀며 덕망 있는 사람이 되는 연습을 시작합시다. 가장 가까운 이웃에게 덕을 실천한다면 분명 행복해질 수 있습니다.

 자신의 수고에 대해 습관적으로 보상을 바라고 있습니까? 아니면 아무런 대가도 바라지 않고 조건 없이 행동하고 있습니까? 관용과 기부에 인색하지 마십시오. 자부치카베이라를 떠올리며 청년도 되어 보고 노인도 되어 보십시오. 덕을 갖추기 위해 조금 더 자상하고 친절하려고 노력합니까? 오늘 내 이웃에게 어떻게 다가갈지 생각해 봅시다.

가장 소중한 가치

우정 / 친구 / 헌신 / 가족

수려한 용모의 용감한 젊은이가 공주와 결혼하겠다고 왕 앞에 왔다. 왕은 젊은이를 시험하기 위해서 편지와 다이아몬드를 이웃나라 왕에게 전하라고 명했다. 멋진 말도 타고 가도록 내주었다. 그리고 왕은 한 가지 사항을 당부했다.

"임무를 잘 완수하되 가장 소중한 가치를 발견해 오게."

젊은이는 즉각 여행을 떠날 채비를 했다. 그는 왕의 편지를 품속에 잘 넣고 허리춤의 소가죽 주머니에 다이아몬드를 챙겨 넣은 다음 해가 뜨기도 전에 출발했다. 젊은이를 태운 말은 순식간에 멀리 사라졌다. 그는 공주와 결혼하겠다는 한 가지 생각만 하며 달렸다. '임무를 반드시 완수해야 해!' 그는 보다 빨리 임무를 완수하기 위해서 험한 지름길을 택했다. 우거진 숲을 지나 거친 산을 몇 번이고 오르내렸다. 고된 여정에 말도 초죽음이 되어 갔다. 하지만 젊은이는 전혀 신경을 쓰지 않았다. 그는 말에게 물을 먹일 생각조차 하지 않고 왕의 편지와 다이아몬드에만 정신을 쏟았다. 그를 본 어떤 사람이 이렇게 충고했다.

"이보게, 자네 말이 너무 지쳐 있군. 지금 살피지 않으면 말은 얼마 못 갈 걸세."
"아니, 괜찮습니다. 지금 중요한 건 이 편지와 다이아몬드를 이웃나라 왕에게 전하는 일입니다. 말이 죽으면 다른 말을 사면 그만입니다."

젊은이는 멈추지 않고 계속 달렸고 말은 결국 길에 쓰러져 죽었다. 그는 말이 약해 빠졌다고 투덜대며 그곳에 말을 버려둔 채 걸어서 길을 나섰다. 하루 종일 걷고 또 걸었지만 그는 새 말을 살 수 없었다. 그는 후들거리는 다리를 질질 끌다시피 걸으며 왕의

지시를 떠올렸다.

"임무를 잘 완수하되 가장 소중한 가치를 발견해 오라."

그는 혹여 강도라도 나타날까 두려워 다이아몬드를 꼭꼭 숨겼다. 여행은 계속되었고 그는 점점 지쳐, 마침내 길에 쓰러졌다. 얼마 후 상인들의 마차가 길을 지나다가 쓰러진 그를 마차에 태워 자기네 나라로 데려갔다. 혼수상태에서 간신히 깨어난 젊은이는 자기 앞의 낯익은 왕을 알아보고 놀라 일어났다. 그는 무슨 일이 있었는지 왕에게 상세히 설명했다. 약하고 병든 말 때문에 자신은 사명을 완수할 수 없었노라고…. 그리고 말만 잃었지 다른 것은 잘 가지고 있다고 보고하며 다이아몬드를 왕에게 돌려주었다. 비록 목적지에 도달하지는 못했지만 그가 가장 소중한 것을 지켜 냈음을 강조했다. 왕은 슬프게 다이아몬드를 바라보다가 갑자기 격한 목소리로 신하들에게 명령했다.

"이 어리석은 자를 당장 왕궁에서 쫓아내라."

젊은이는 영문도 모른 채 성에서 쫓겨났다. 크게 실망하며 집으로 돌아온 그는 주머니에 있던 편지를 읽고 자신의 실수를 깨달았다. 하지만 때는 이미 늦었다. 편지에는 이렇게 적혀 있었다.

"나의 친구 북방의 왕이여, 이 편지를 전하는 젊은이는 사랑스런 내 딸의 신랑감 후보라네. 나는 이 젊은이가 가장 소중하게 여기는 것이 무엇인지 알아보는 중일세. 이 젊은이에게 다이아몬드 몇 개를 자네에게 전달하라고 시키면서 내가 애지중지하는 명마를 주었네. 이 친구가 가져든 내 말의 상태를 살펴주시게. 말이 건강하다면 그는 이 시험을 훌륭히 통과했으니 내 사위될 자격이 있는 것이지."

생각 넓히기

　왕이 내린 시험은 참으로 절묘했습니다. 이 이야기에서 말로 상징된 '친구'는 우리 인생에서 가장 소중한 존재입니다. 도움을 주거나 힘이 되어 주고 때로는 우리가 잘 살아가도록 조언을 해 주는 사람들이 바로 친구입니다. 친구나 가족을 소중히 여기고 헌신과 열정을 다해야 합니다. 사는 데 물질(다이아몬드)도 필요하지만 본질적인 것은 아닙니다. 물질만 중요한 가치로 여긴다면 삶은 텅 비고 외로울 뿐, 필요에 의해 관계를 형성하는 형식적인 것이 되고 맙니다. 물질은 진정한 친구로 볼 수 없습니다. 현명한 왕은 사랑하는 딸의 배필이 될 젊은이의 마음씨를 살펴보기 위해 그가 무엇을 가장 소중히 여기는지 시험했습니다. 그것이 생명을 가진 말(친구)인지 다이아몬드(물질)인지! 젊은이에게 가장 소중한 가치는 왕의 재산이지 공주의 생명(행복)이 아니었던 것입니다.

 삶에서 무엇이 가장 중요한 가치인지요? 그것을 소중히 잘 활용하고 있는지요? 가장 가까운 가족이나 친구들과 좋은 관계를 유지하기 위해 어떤 노력을 하고 있나요? 그들에게 어떻게 사랑을 보여 줄 수 있는지 고민해 봅시다. 내게 가장 소중한 사람은 누구이고, 또 어떤 의미인지 생각해 보고 돈독한 우정을 쌓으십시오.

지혜로운 노예

지혜 / 덕 / 악덕 / 조언 / 거짓말

고대 그리스에 사빈이라는 노예가 있었다. 그는 비록 노예였지만 식견이 탁월해 주인은 문제가 생기면 그의 조언이나 의견을 구하곤 했다. 사빈에게는 항상 놀라운 지혜가 흘러넘쳤다. 어느 날 주인이 집에 친구들을 초대해 '덕'에 관한 대화를 나누고 있었다. 한 친구가 사빈의 의견을 물었다. 사빈은 주저하지 않고 자신의 견해를 말했다.

"확신하건데, 세상에서 가장 뛰어난 덕은 시장에서 파는 물건 중 하나입니다."
"뭐라고? 무슨 헛소리냐! 머리가 어떻게 된 것 아니냐?"

주인의 친구들은 매우 놀라 어리둥절해했다.

"어르신들이 원한다면 제가 증명해 보이겠습니다. 지금 당장 시장에 가서 가장 큰 덕을 가져다 보여 드리겠습니다!"

사빈이 당당히 말하고 나가자, 사람들의 호기심은 더 커졌다.
얼마 지나지 않아 사빈이 작은 봉지를 들고 돌아왔다. 그런데 봉지 안에는 소의 혀가 들어 있었다. 사빈은 말했다.

"자, 제가 설명을 하겠습니다. '혀'는 세상에서 가장 큰 덕 중 하나입니다. 우리는 혀로 사람들을 위로하고 가르치고 오해를 풀고 고통을 덜어 줍니다. 또 바른길로 인도하고 좋은 삶을 만들며 격려할 수 있습니다. 철학자는 혀로 자신의 사상을 가르치고, 그 가르침은 세세대대로 혀를 통해 전해집니다. 시인은 혀로 마음을 표현하고 연인은 사랑을 속삭입니다. 부모는 혀로 자녀를 가르칩니다."

주인은 자신의 노예지만 그 언변에 다시 한 번 감탄해 말했다.

"네 말이 정말 맞구나!"

사람들 가운데 한 사람이 다른 질문을 던졌다.

"참으로 똑똑하구나. 그럼 세상에서 가장 큰 악덕은 무엇이냐?"

사빈이 대답했다.

"주인님이 제가 시장에 다시 한 번 가도록 허락해 주신다면 세상에서 가장 큰 악덕을 가져다 보이겠습니다."

주인은 종의 지혜를 신뢰했으므로 허락했다. 사빈

은 이번에도 봉지를 가지고 와 주인에게 건넸다. 봉지를 열자 모두들 다시 한 번 놀랐다. 봉지 안에는 또 '혀'가 들어 있었기 때문이었다. 사람들은 어이없어하면서 사빈을 쳐다보았다. 사빈이 그들에게 설명했다.

"조금 전에 말씀드린 대로 '혀'는 사람들을 가르치고 격려하고 인도하며 도와주는 등 좋은 일에 아주 많이 쓰입니다. 하지만 혀는 사람들에게 악덕을 행할 수도 있습니다. 사람들은 혀로 독설을 뱉고, 폭력을 휘두르며, 진실과 참된 가르침을 부정합니다. 혀는 작지만 사람들의 삶을 파괴할 수 있으며, 모욕이나 악담과 저주를 퍼붓기도 합니다. 어르신들도 제 말에 동의하리라고 생각합니다만?"

모든 사람들이 사빈의 지혜에 감동을 받았다. 그리고 그의 주인을 부러워했다. 주인은 이미 사빈의

총명함을 알았으나 이번 일로 그를 더욱 신뢰하게 되었고 전보다 더 자주 그의 지혜와 조언을 구하게 되었다.

생각 넓히기

    덕과 악덕은 동전의 양면처럼 멀리 있지 않고 담도 없이 서로 이웃합니다. 그것은 하나이고 같은 마음속에 자리하기에 그 경계가 모호합니다. 우리는 혀를 사용할 때 신중해야 하고 훈련도 필요합니다. 말하기 전에 생각하십시오. 선입견을 가지고 말하지 마십시오. 소문만 듣고 말하지 마십시오. 나쁜 말을 퍼트리지 마십시오. 말에 책임을 져야 합니다. 말 한마디가 다른 이의 삶을 파괴할 수도 있기 때문입니다. 혀는 덕을 쌓는 일에 사용되어야 합니다. 사람들을 위로하고 가르치고 고통을 덜어 주고 격려하고 사랑하는 데만 혀를 사용하십시오. 혀는 기쁨과 사랑처럼 긍정적인 일에 사용되고, 슬픔과 아픔을 주는 일에 사용되어서는 안 됩니다.

 혀를 어떻게 사용하고 있는 지요? 짧은 평가를 해 보십시오. 사람들의 삶을 지지하고 도와주는 편인가요? 아니면 다른 이의 삶을 부정하거나 비난하는 편인가요? 어떻게 하면 혀를 사용해 덕을 쌓고 좋은 사람이 될 수 있는지 생각해 보십시오.

요정과 장미

나눔 / 기부 / 가족 / 우정 / 재물

세 친구와 깜찍한 요정에 관한 이야기이다. 개성이 강한 세 친구는 늘 함께 있기를 좋아했다. 그들은 알게 모르게 서로를 마음으로 돕는 사이였다. 그중 한 친구는 친절해서 '친절이'라 불렸고, 다른 친구는 까칠해서 '까칠이', 또 한 친구는 융통성 없이 꽉 막혀서 '막힘이'로 불렸다. 어느 날 세 친구가 함께 있는데 요정이 찾아왔다. 어릴 적부터 요정에 대해 관심이 많았던 그들은 요정을 보자 팔짝팔짝 뛰며 환호했다. 그때 한 친구가 요정은 원하는 것을 준다는 이야기를 떠올리며 물었다.

"요정님, 저희를 위해 무엇을 가져왔나요?"
"장미랍니다."

요정이 대답하면서 팔을 쫙 펼치자, 아름다운 장미꽃 세 다발이 눈앞에 나타났다. 요정은 그것을 한 다발씩 세 친구에게 전해 주고 연기처럼 사라졌다.

요정이 준 선물의 의미를 이해하지 못한 세 친구는 멀뚱멀뚱 서로의 얼굴만 쳐다보다가 각자의 집으로 돌아갔다.

까칠이는 어렵사리 만난 요정에게 받은 것이 겨우 가시투성이 장미 다발이라고 투덜대며 길거리에 휙 던져 버렸다. 막힘이도 요정의 선물이 실망스러웠다. 하지만 장미를 집으로 가져가 꽃병에 물을 붓고 꽂아 두었다. 친절이는 요정을 만나 기뻤고, 기대도 하지 않은 꽃다발까지 받아서 너무나 행복했다. 그래서 그는 장미꽃을 이웃과 나누어 갖기로 했다. 그는 요정의 선물을 동네 사람들과 나눌 수 있음에 매우 기뻐했다. 그런데 이상하게도 온 동네 사람들에게 꽃을 나누어 주어도 꽃은 점점 늘어만 갔다. 꽃을 나누어 줄수록 더 많은 꽃이 친절이의 품에 가득 찼다. 친절이는 요정에게 받은 장미보다 더 풍성해진 꽃다발을 안고 집으로 돌아왔다.

다음 날 세 친구는 함께 만나서 어떤 일이 일어났

는지 이야기를 나누었다. 그때 요정이 다시 나타났다. 한 친구가 요정에게 물었다.

"도대체 꽃다발은 무슨 의미이고 왜 주신 건가요?"

요정이 대답했다.

"여러분들의 꽃다발은 이제 금이 될 겁니다."

친절이가 뒤를 돌아보았다. 자기 집에 황금 덩어리가 가득한 것을 보고 벌어진 입을 다물지 못했다. 식탁 위에도, 옷장 서랍에도… 방 안이 온통 황금으로 가득 차 눈이 부셨다. 막힘이도 궁금해서 집으로 돌아가 보니 식탁 위의 꽃병에 황금이 가득 차 있었다. 까칠이는 자기가 꽃을 버린 장소로 급히 돌아가 행여 황금이 있나 찾아보았지만 아무것도 없었다.

아마 누군가가 꽃다발을 주워 갔을 것이고 그 꽃들은 황금 덩어리로 변했을 터였다. 까칠이는 결국 아무것도 얻지 못하고 깊은 한숨만 내쉬었다.

생각 넓히기

이 이야기는 우정, 사랑, 관대함, 덕 등 삶의 다양한 측면을 보여 줍니다. 선한 행동과 마음을 이웃에게 아낌없이 베풀면 그대로 받을 것입니다. 까칠이는 주변 사람들이나 자신에게 주어진 일에 대해 별로 중요하게 생각하지 않았습니다. 결국 남은 것도 없고 외톨이가 되었습니다. 막힘이는 자신에게 주어진 것을 발견하고 발전시키려는 노력을 하지 않았습니다. 대충대충 살아가는 습관에 젖어 있었기 때문입니다. 막힘이에게 진정한 친구는 없고 형식적인 친구만 있을 뿐입니다. 반면 친절이는 적극적이고 용기와 긍정적 태도를 지녔기에 큰 선물을 받게 됩니다. 나는 어떤 모습으로 살고 있는지 돌아봅시다.

 세 친구 중 자신은 누구와 가장 닮았다고 생각하나요? 우정, 가족, 덕 가운데 무엇을 가장 소중하게 여기며 잘 키우고 있는지요? 가까운 이들과 도움을 주고받으며 원활한 관계를 맺고 있는지, 인생길을 어떻게 잘 걸어갈 수 있는지 잠시 생각하는 시간을 가져 봅시다.

구멍난 배

관대함 / 감사 / 보답 / 도움 / 고마움 / 선행

브라질 리우데자네이루의 파라치에 사는 한 남자가 오랫동안 사용하지 않은 낡은 배의 페인트칠 부탁을 받았다. 그는 즉시 페인트와 붓을 챙겨 바닷가로 가서 일을 시작했는데, 얼마 안 가 배 밑으로 페인트가 새는 것을 알게 되었다. 자세히 살펴보니 배 밑바닥에 구멍이 나 있었다. 그는 페인트칠만 부탁받았지만 배에 난 구멍까지 말끔히 수리해 주고 그날 품삯을 받아 집으로 돌아왔다. 일주일 뒤 배 주인이 남자의 집에 찾아와 봉투를 내밀었다. 봉투 안에는 전에 받은 품삯보다 훨씬 더 많은 돈이 들어 있었다. 남자는 눈이 휘둥그레져 물었다.

"사장님, 이미 품삯은 주셨는데 왜 또 주시는 겁니까?"

"오늘은 페인트칠이 아니라 배를 수선해 준 대가를 드리는 것입니다."

"아주 간단한 수리였는걸요, 따로 또 주실 필요

없습니다. 이 돈은 너무 과분합니다."

"알아요. 하지만 당신은 이 돈을 받을 자격이 충분합니다. 제가 배에 난 구멍은 깜박하고 페인트칠만 부탁했었는데, 칠이 끝나자마자 그게 다 마르기도 전에 제 아들들이 낚시를 하러 배를 타고 바다로 나갔답니다. 아들 녀석들이 구멍이 난 배를 끌고 바다로 나갔다고 생각하고 저는 절망에 빠졌습니다. 보나마나 배가 가라앉았을 것이기에 몸서리를 치며 울부짖었습니다. 그런데 한참 뒤 아이들이 배를 타고 멀쩡히 살아 돌아왔을 때 제 기분이 어떠했겠습니까? 당신은 모를 겁니다! 배를 자세히 살펴봤습니다. 배의 구멍이 말끔히 고쳐져 있더군요. 너무나, 정말 너무나 감사했습니다! 당신은 제 아이들의 생명의 은인입니다. 이 고마움은 그 어떤 무엇으로도 갚을 길이 없습니다."

생각 넓히기

　선행이 어떤 결실을 맺을지 알지 못하므로 선행에는 가격을 매길 수 없습니다. 선행은 그 자체로 풍성합니다. 반대로 악행의 결실은 좋지 않습니다. 나쁜 행동 하나가 얼마나 많은 문제들을 불러일으킬지 알 수 없습니다. 페인트칠을 하러 가서 배의 구멍까지 고쳐 준 남자의 친절과 관대한 행동은 큰 가르침을 줍니다. 내면을 잘 돌보는 사람은 단순히 의무감으로 일하지 않습니다. 항상 좋은 일을 할 자세가 되어 있고 보상이나 대가를 바라지 않습니다.

　주위를 둘러보십시오. 조금만 주의 깊게 살펴보면 기회가 많습니다. 배 주인의 행동 역시 우리에게 의미 있는 가르침을 줍니다. 남자의 선행에 진심을 다해 마음으로부터 감사 인사를 했습니다. 누군가의 도움을 받았을 때 진정이 담긴 마음의 인사를 할 줄 알아야 합니다.

 이야기의 어느 대목에서 감동을 받았나요? 이야기 속의 남자처럼 관대하고 친절한 행동을 할 준비가 되어 있는지요? 아니면 단순히 주어진 일만 의무적으로 하는지요? 또 다른 이의 도움을 받고 감사를 하는 편인지요? 다른 이가 베푼 너그러운 행동에 어떤 반응을 보였는지 돌아봅시다. 이번 주나 이달에 의무 외의 선행을 시도해 보고 자신의 생활에 일어난 변화를 확인해 보기 바랍니다! 그것은 충분한 가치가 있습니다.

숯덩어리

용서 / 화 / 교육 / 긍정적 사고

루이스는 화가 잔뜩 나서 학교에서 돌아왔다. 집에 들어오자마자 책가방을 방바닥에 휙 집어던지고 방문을 '쾅' 닫아 버렸다. 부엌에서 점심 요리를 하고 있던 엄마가 아들을 불러 마당으로 데리고 나갔다. 엄마를 따라 나온 루이스는 눈치를 살피다가 말하기 시작했다.

"엄마, 마르코 때문에 너무 화가 나! 교실에서 반 애들 모두가 보는 앞에서 나한테 화를 내고 욕을 했어. 어떻게 그럴 수 있지? 그 녀석 자전거가 넘어져서 팔이나 부러졌으면 좋겠어!"

엄마는 인내심을 갖고 아들의 하소연을 들어 준 다음, 창고로 가서 숯 한 자루를 가지고 나왔다. 엄마는 숯 자루를 열어 보이며 아들에게 말했다.

"빨랫줄에 널려 있는 저 하얀 셔츠가 보이지?"

"네."

"좋아. 지금부터 저 셔츠가 네 친구 마르코이고, 숯 하나하나가 나쁜 생각이라고 하자. 엄마는 네가 숯을 전부 저 하얀 셔츠에 던져 버리길 바란다. 다 끝나면 엄마를 부르렴."

루이스는 좀 이상했지만 엄마가 시키는 대로 했다. 숯 하나를 집어서 던졌다. 숯이 셔츠에 명중해 하얀 셔츠에 검은 자국이 선명하게 찍혔다. 나머지 숯도 모두 던졌다. 하얀 셔츠가 멀리 걸려 있어서 아주 힘껏 던져야 했다. 많은 숯이 셔츠에 닿기도 전에 바닥에 떨어져 버렸다.

1시간쯤 지나자 루이스는 숯을 다 던졌다. 엄마가 돌아와 아들에게 물었다.

"얘야, 지금 기분이 어떠니?"
"너무 힘들어! 팔도 아프고…. 하지만 기분은 좋아."

엄마는 아들을 사랑스럽게 바라보며 미소를 머금고 방으로 데려갔다. 그리고 아들을 큰 거울 앞에 세웠다. 루이스는 거울을 보는 순간 깜짝 놀랐다. 머리부터 발끝까지 온통 검댕투성이가 되어 있었다. 엄마가 말했다.

　"애야, 이제 알겠니? 빨랫줄의 하얀 셔츠도 더러워졌지만 너는 더 더러워졌구나! 화는 다른 사람에게 가는 것처럼 보이지만 부메랑처럼 다시 너에게 돌아온단다. 다른 사람에게 욕을 하고 나쁜 생각을 품으면 정작 욕을 하고 나쁜 생각을 품는 사람이 더 힘들어지고 고통을 받는 거란다."

생각 넓히기

　화를 내며 숯을 던졌지만 오히려 던진 쪽이 더 더러워졌습니다. 좋은 생각이나 긍정적인 마음은 좋은 에너지를 냅니다. 하지만 부정적이거나 분노에 가득 찬 생각은 나쁜 에너지로 돌아올 뿐입니다. 보통 생각하는 대로 말이 나옵니다. 그러므로 말을 조심해야 합니다. 말은 행동으로 이어집니다. 행동을 조심해야 합니다. 자칫 행동은 고칠 수 없는 습관이 되어 버립니다. 누군가에게 화를 내고 싶거나 앙갚음하려는 마음이 들 때 정작 고통을 겪는 쪽은 상대방이 아니라, 자기 자신입니다. 증오심도 증오하는 당사자가 더 힘들어집니다. 나쁜 생각이 상대방에게 전달되기는커녕 본인만 괴로워하는 경우가 비일비재합니다.

 억울한 일을 당하거나 문제가 생길 때, 만사가 순조롭지 못할 때 자신의 행동을 살펴보고 나눔을 가져 봅니다. 상대방에게서 받은 대로 그대로 주는 편입니까? 악을 악으로 갚는 편인가요? 화를 잘 다스리는 편인가요? 어떻게 용서하는 법을 배우고 다른 이들에게 좋은 행동을 하며 덕을 쌓기 위해 노력하나요? 그러한 실천들이 삶에 어떤 영향을 준다고 생각하나요?

옷은
말하지 못한다

🌿🌿🌿 선입견 / 판단 / 겸손 / 외모 지상주의

때때로 사람들은 겉모습만 보고 그가 어떤 사람일 것이라고 단정을 짓는다. 옷차림에 따라서 그에 대한 평가도 달라진다. 브라질 상파울로의 의사 질베르토의 이야기를 들어 보자.

질베르토는 평소 무슨 옷을 어떻게 입어야 할지 고민을 해 본 적이 없다. 그는 구급차를 타고 온 도시를 돌아다니며 하루 종일 근무해야 하므로 환자들을 돌보기 편한 옷을 선호할 뿐이다. 어느 날 고급스런 옷을 차려입은 중년 부인이 구급차 쪽으로 다가와 상대방을 업신여기는 듯한 태도로 말을 걸었다.

"의사는 어디 있나요?"
"안녕하세요, 무엇을 도와드릴까요?"

질베르토가 공손히 대답했다. 그러나 중년 부인은 더 신경질적인 큰 소리로 말했다.

"당신 귀머거리야? 의사 어디 있냐고?"

"네, 제가 의사입니다. 무엇을 도와드릴까요?"

"뭐? 의사? 이런 거지같은 옷을 입고 지금 이 사람, 무슨 헛소리를 하는 거야?"

"실례했습니다. 의사를 찾고 계신 게 아닌가요?"

순간 중년 부인은 당황한 듯, 빨개진 얼굴로 목소리를 달리하며 말했다.

"이런! 차림새가 영 의사 선생님 같지 않아서요. 실례했습니다. 그런데 정말 의사 선생님 맞으세요?"

"재미있네요. 저도 부인을 처음 봤을 때 같은 생각을 했답니다. 우아하게 차려입은 부인이 다가오기에 다정한 미소를 지으며 '안녕하세요, 수고하십니다.'라고 인사할 줄 알았거든요. 옷차림이 그 사람의 인격을 말해 주지는 않나 봅니다."

생각 넓히기

겉모습만 보고 사람을 판단하는 경우가 얼마나 많은가요? 옷만 보고 그 사람의 내면을 알 수는 없습니다. 덕망이 높은 사람이 옷으로 자신의 덕을 표현하는 일은 없습니다. 물론 옷차림이 영향을 끼칠 때도 있지만 그것은 어디까지나 극히 일부분입니다. 옷을 잘 차려입고 행복이나 만족을 느끼려는 사람도 있고, 옷을 통해 강한 인상을 심어주는 사람도 있으며, 의무적으로 유니폼을 입어야 할 때도 있습니다. 옷차림만 보고 선입견을 가져서는 안 됩니다. 사람의 외모보다 내면을 들여다볼 줄 알아야 합니다. 선행은 주변에서 쉽게 찾을 수 있고 일상생활 속에서 일어납니다. 좋지 않은 선입견이나 판단은 버려야 합니다! 가장 아름다운 선행은 배운 것을 그대로 행하는 것입니다.

 지금 어떤 옷을 입고 있습니까? 옷차림이 자신의 인격을 말해 준다고 생각하나요? 옷이 사람의 성향이나 덕 등을 나타낸다고 보는지요? 자신의 의지나 생각대로 옷을 입는 편인가요? 아니면 사회 분위기에 휩쓸려 입는 편입니까? 무엇을 바꾸고 싶은가요?

성토마스의 덕

거짓말 / 신뢰 / 유혹 / 정직 / 윤리

성 토마스 아퀴나스는 가톨릭교회에서 중요한 인물 중 한 명이다. 그의 철학과 신학 사상은 오늘날 많은 사람들에게까지 영향을 미치고 있다. 그는 시간이 날 때면 장소를 불문하고 자주 묵상하며 많은 책을 읽었다. 그의 훌륭한 성품은 모든 사람들에게 추앙을 받았다. 그에 관한 이야기 중 하나를 보자.

어느 날 수련자 둘이 토마스 성인에게 장난이 치고 싶어졌다. 그들은 법석을 떨며 토마스 성인의 사무실에 달려가 '큰 소 한 마리가 수도원 정원을 날아다닌다.'고 보고했다. 토마스 성인이 일어나 창가로 다가가 정원을 살펴보며 날아다니는 소를 찾았다. 그 모습을 보고 두 수련자는 낄낄대며 웃었다. 그러나 토마스 성인은 아랑곳하지 않고 하늘을 바라보며 계속 소를 찾았다. 웃다 지친 두 수련자가 성인에게 물었다.

"스승님, 소가 하늘을 날아다닌다는 말을 믿으신

겁니까? 그런 일은 있을 수 없잖아요."

토마스 성인은 침착하게 수련자들을 바라보며 대답했다.

"형제들, 소가 하늘을 날아다닌다는 말을 믿는 편이 형제가 거짓말한다고 생각하는 것보다 낫지 않겠나. 내 마음은 그렇다네."

생각 넓히기

성 토마스는 덕을 어떻게 쌓을 것인지를 잘 보여 주고 있습니다. 이 예화는 인간이 흔히 가질 수 있는 여러 악 가운데 하나인 거짓말에 대한 이야기지만 다른 덕에도 적용이 될 수 있습니다. 진리와 진실과 정의는 덕스러운 사람이 되기 위한 필수적인 것들입니다.

성 토마스는 젊은 수도자들이 장난으로 거짓말하는 것을 뻔히 알고 있었지만, 거짓말은 다른 덕들까지 파괴할 수 있다는 위험도 알고 있었습니다.

성인은 거짓말이 습관화된다면, 불의와 타협할 뿐 아니라 결국 이기주의자가 되어 버리고 윤리 의식과 도덕성마저 타락하기 쉽다는 경고를 하고 있습니다. 이 점은 오늘날과 같은 자본주의 경쟁 사회에서 흔하게 받는 유혹입니다.

성 토마스는 모든 사람들이 덕을 쌓기를 원했습니다. 의식적으로 덕에 반하는 행위를 일삼는다면, 이는 자신의 꿈과 삶의 기반을 송두리째 파괴하는 것입니다. 덕이란 지속적인 노력이며, 희생의 결실입니다.

 자신의 덕과 성향에 어떤 것들이 영향을 주고 있는지요? 눈앞의 이익을 위해 덕을 포기하며 살 상황에 처해 있습니까? 어떻게 자신의 자리에서 행동하고 있는지요? 항상 덕을 쌓는 쪽으로 행동하기 위해 노력하나요? 어떠한 이득이나 달콤한 유혹 앞에서도 이를 뿌리치고 덕을 향해 나아가고 있나요?

교사와 뱃사공

겸손 / 지혜 / 존경 / 오만

브라질 북부에서는 카누가 일반적인 교통수단이다. 상인이나 주민 대부분이 카누를 이용해서 물건을 나르고 목적지로 이동한다. 어느 날 파라 주의 노련한 뱃사공 프란치스코는 새로 부임하는 교사를 태우고 강을 건네게 되었다. 잠시 침묵이 흐르다가 교사가 먼저 말문을 열었다.

"아저씨, 혹시 고고학이라는 학문을 아십니까?"
"아니요, 선생 양반. 평생 배에서 노만 저은 제가 고고학이 뭔지 알 리가 있나요."
"이런, 유감이네요. 인생에서 정말 중요한 것을 놓쳤네요."

실망한 교사는 다시 물었다.

"그럼, 지리학은 공부했나요?"
"아이고, 그건 또 뭡니까? 듣도 보도 못한 거네요."

"모른다고요? 그렇게 중요한 걸 모른다니!"

조금 뒤 교사는 비웃는 듯한 어조로 또 뱃사공에게 물었다.

"혹시 점성학에 대해서 배운 적은 없습니까?"
"잘 모르겠네요. 저는 학교에 가 본 적도 없어요."
"슬픈 일이네요. 정말 인생을 헛살았네요."

그렇게 두 사람이 이야기를 나누는 사이에 카누가 그만 바위에 부딪혀 버렸다. 뱃사공은 노를 던져두며 교사에게 다급히 물었다.

"선생 양반! 수영할 줄 아시오?"
"아니요, 전혀요!"

교사가 당황해하며 대답하자 뱃사공이 말했다.

"이런, 유감이네요! 온갖 학문과 이론에 정통한 선생이 이제 곧 배와 함께 가라앉게 생겼습니다."

생각 넓히기

지식은 큰 덕이지만, 수많은 덕 중 하나일 뿐입니다. 이 이야기에서 단순함도 좋은 덕 중 하나임을 보게 됩니다. 겸손과 존경 역시 마찬가지입니다. 아무리 많은 지식도 교만이 넘치면 소용이 없습니다. 공부를 많이 한 것은 좋은 일이지만 그렇지 못한 사람이나 능력이 자기보다 못한 사람을 경시하는 행위는 나쁜 일입니다. 사람은 각자 나름의 재능을 선물로 받았습니다. 사람마다 자기 재능을 상황에 맞게 발전시켜 나갑니다. 다른 사람을 인정하는 겸손함을 배우고 서로 도우면서 자신의 재능을 발전시켜야 합니다.

현명한 사람은 이론을 내세우지 않고 실천을 합니다. 수영을 예로 들어 봅시다. 현명한 사람은 단순히 헤엄을 잘 치는 데서 그치지 않고, 그것을 다른 사람을 돕는 데 사용할 줄 압니다. 덕이 있는 사람은 항상 다른 사람과 더불어 서로 도우며 더 나아지려고 노력합니다.

 자신이 지금까지 공부한 것을 떠올려 봅시다. 인생에서 그 공부들이 도움이 되고 있는지, 또 가장 중요한 공부는 무엇이었는지 생각해 봅시다. 그동안 배운 지식과 덕이 잘 조화를 이루고 있나요? 어떻게 하면 보다 조화롭게 살아갈 수 있을까요? 사람들과의 관계에서 더 겸손해야 하는 상황을 구체적으로 생각해 봅시다.

옥수수

상호 존중 / 관대함 / 이타주의 / 협력

브라질 중부 지방에 마티아라는 농부가 옥수수를 가꾸며 살고 있었다. 그의 옥수수는 언제나 품질이 최고였다. 알이 꽉 차고 맛도 좋아서 아주 유명했다. 매년 수확이 좋아 그는 돈도 많이 벌었다. 다른 농부들은 모두 마티아의 성공 비결을 알고 싶어 했다. 어느 날 신문 기자가 마티아의 농장을 취재하러 왔다가 흥미로운 점을 발견했다. 마티아가 이웃에게 가장 좋은 옥수수 씨앗을 나누어 주는 모습을 본 것이다. 기자는 이유가 궁금해 물어보았다.

"아니, 어째서 가장 좋은 씨앗을 다른 사람에게 나누어 주나요? 이웃도 경쟁자가 아닌가요? 저 사람들 농사가 잘되어 옥수수 생산량이 많아지면 값이 떨어질 테고, 그러면 마티아 씨 당신의 수입이 줄어들지 않나요?"

마티아는 웃으며 대답했다.

"간단해요! 옥수수 꽃가루는 들판의 바람을 타고 날아다니지요. 그런데 이웃에서 질 나쁘고 허약한 옥수수를 키우면 수정이 잘못되어 제 옥수수의 품질까지 나빠지고 수확량도 줄어들게 된답니다. 제 옥수수 농사가 잘되려면 이웃도 잘되도록 도와야 하지요."

생각 넓히기

덕과 선행은 옥수수의 꽃가루처럼 퍼져 나갑니다. 모든 사람이 덕을 실천하며 살아간다면 세상에 덕이라는 그림을 완성하는 것은 그리 어려운 일이 아닙니다. 반면 염치를 모르고 뻔뻔한 이기적인 사람들과 어울린다면 얼마 지나지 않아 그들과 비슷해져 있을 것입니다. 삶의 동반자를 잘 선택하십시오. 멋진 삶을 살고 싶다면 신뢰와 사랑으로 좋은 동반자나 친구들과의 관계를 다지며 주변의 어려운 사람들을 도와주십시오. 이것은 스스로의 행복에도 도움이 됩니다. 선행을 할 때마다 삶은 비옥한 옥수수 밭처럼 풍성해질 것입니다.

 자신의 옥수수 밭과 옥수수는 어떠한지요? 이 이야기를 통해 삶의 질을 높이는 데 도움이 되었나요? 무엇이 주위의 어려운 이들을 돕도록 하며 덕을 실천하게 만드나요?

사랑, 성공, 재물

사랑 / 재물 / 성공 / 가족 / 선택

한 시골 마을에 안나라는 부인이 살고 있었다. 그녀는 모든 주민이 서로 잘 알고 지내면서도 조용한 이 마을이 마음에 쏙 들었다. 어느 날 부인이 집으로 들어서는데, 처음 보는 남자 셋이 마당에 앉아 있는 것을 보고 깜짝 놀랐다. 하지만 그들의 표정이 매우 심각했으므로 부인은 무엇인가 도움을 줘야겠다고 마음먹고 다가가 말을 건넸다.

"안녕하세요? 이 동네 분들이 아닌 것 같은데, 어떻게 제 집에 들어와 계시나요? 뭔가 도움이 필요한 건가요? 들어와서 마실 거라도 한 잔 드실래요?"

세 남자 중 한 명이 물었다.

"집에 남편분이 계신가요?"
"아니요. 지금 밖에서 일하고 있을 거예요."
"그렇다면 들어갈 수 없습니다. 남편분이 돌아올

때까지 여기서 기다리겠습니다."

부인은 이해할 수 없었지만 더 이상 따지고 싶지 않아 잠자코 남편이 도착할 때까지 기다렸다. 석양이 질 무렵, 기다리던 남편이 돌아왔고 부인은 낮에 있었던 일을 빠짐없이 이야기했다. 남편이 말했다.

"어서 마당으로 나가 그분들에게 내가 돌아왔다고 전하세요. 틀림없이 다들 배가 고플 게요."

부인은 다시 그들에게 다가가 집 안으로 들어와 음식을 들라고 권했다. 한 남자가 말했다.

"셋이 한꺼번에 들어갈 수는 없습니다."

부인이 놀라 되물었다.

"왜요?"

한 남자가 왜 셋이 함께 들어갈 수 없는지, 친구들을 가리키며 설명하기 시작했다.

"이 친구는 재물, 저 친구는 성공, 저는 사랑이라고 합니다. 부인은 남편과 상의해 우리 셋 중 누구를 선택할지 정해야만 합니다."

부인은 남편과 딸들과 함께 세 남자 중 누구를 초대할지 고민하고 또 고민했다. 먼저 남편이 말했다.

"재물을 초대합시다. 그러면 우리 집에 돈과 금은보화가 가득 쌓이지 않겠소?"
"그럼 성공은요? 성공은 우리 앞날에 많은 것을 보장해 줄 거예요."

부인에 이어 작은딸도 자기 생각을 말했다.

"사랑을 초대하는 편이 좋지 않을까요? 우리 집에 사랑이 가득하면 정말 행복할 거예요."

드디어 안나 부인의 남편이 최종 결정을 내렸다.

"그래, 사랑을 초대하기로 하지!"

안나 부인은 밖으로 나가 사랑을 초대했다. 그런데 세 사람이 함께 들어오는 것이 아닌가! 부인이 놀라 물었다.

"어머! 셋이 함께 들어올 수는 없다고 하지 않았나요?"

그러자 남자 셋이 함께 외쳤다.

"만일 재물이나 성공을 선택했다면 나머지 둘은 돌아가 버렸을 것입니다. 하지만 사랑은 절대 혼자 머무르지 않아요. 사랑이 있는 곳에는 항상 재물과 성공도 함께한답니다!"

생각 넓히기

　세상에서 가장 소중한 것은 사랑입니다. 사람들과의 관계나 가정생활에서 사랑은 꼭 필요합니다. 진정 사랑한다면 어려움이 있어도, 문제가 생겨도 해결할 수 있습니다. 삶 속에 사랑이 있다면 더 굳건해지고 하나가 되어 살아갈 수 있습니다. 재물과 성공은 사랑과 함께할 수 없지만 사랑은 그럴 수 있습니다. 그리고 많은 덕이 사랑과 함께합니다. 사랑은 절대 혼자 머무르지 않습니다. 사랑을 잘 가꾸어 진리를 발견하길 바랍니다.

 나라면 세 남자 중 누구를 선택할 것 같나요? 세상은 재물과 성공을 최상의 가치로 인정합니다. 정말 그렇다고 생각하나요? 다양한 인간관계 안에서 사랑은 얼마나 큰 비중을 차지하고 있나요? 가족이나 친구들에게 어떻게 사랑을 전하고 있는지, 더 사랑할 수 있을지 고민해 봅시다.

내 인생의 주인은 누구?

자부심 / 책임감 / 행동 방식 / 자존감

브라질 리우에 플라비우라는 꽤 잘나가는 신문 기자가 있었다. 쿠리치바 지역에 취재할 일이 생겨 그가 친구 집에 머물고 있을 때의 일이다. 날이 밝자 그는 친구와 함께 조깅을 하러 집을 나섰다. 돌아오는 길에 친구는 신문을 사러 근처 가판대에 멈춰 섰다. 친구가 반갑게 웃으며 인사를 건넸는데, 판매원은 시큰둥한 표정으로 신문을 집어 휙 던져 주었다. 플라비우는 집으로 돌아오면서 친구에게 물었다.

"저 신문 판매원 왜 저렇게 건방져? 기분 나쁘지 않아?"
"몰라, 그 사람 원래 그래. 늘 기분이 별로인가 봐."
"아니, 그런데도 넌 매번 그 사람한테 친절하게 인사를 건네는 거야?"
"그럼! 당연하지."
"어떻게 그렇게 퉁한 사람한테 친절하게 대할 수

있어?"

"그야 저 사람 행동은 저 사람 마음이고, 내 행동은 내 마음이니까. 저 사람은 저 사람이고 나는 나잖아!"

생각 넓히기

모든 사람이 플라비우의 친구처럼 행동하면 좋겠습니다. 중요한 것은 행동의 주인이 다른 누구 또는 무엇이 아니라 자기 자신이라는 점입니다. 다른 사람들의 판단이나 기대, 요구는 그리 중요하지 않습니다. 삶의 주인공은 바로 우리 자신이며, 인생을 스스로 책임져야 합니다. 다른 사람들의 말에 휘둘리지 마십시오. 눈치 보며 피곤한 삶을 살아갈 수는 없으니까요. 스스로 삶의 주인이 되십시오. 행동은 주변 환경이나 다른 사람이 아닌 자신의 내면과 감정에서 시작됩니다. 타인의 조언이나 충고는 귀담아 들으십시오. 그러나 그것이 자신의 성장에 긍정적으로 작용할 때 받아들이십시오. 다른 사람들의 부정적인 시각에 흔들릴 필요는 없습니다. 선한 행위나 좋은 감성 등은 공유하십시오. 악덕을 피하고 덕을 쌓으십시오.

 자신의 자존감을 스스로 평가해 봅니다. 플라비우의 친구처럼 행동할 수 있겠습니까? 비난이나 모욕을 당해도 좋은 행동과 말로 응대할 수 있는지요? 어떻게 하면 자존감과 자부심을 유지하며 당당하게 살아갈 수 있을까요?

거울집

미소 / 낙관주의 / 불평불만 / 이타주의 / 조화

오래전 브라질의 한 도시에 '거울 집'이라고 불리는 재미있고 신비스러운 곳이 있었다. 사람들은 그곳에 무엇이 있는지 궁금해 담장 너머로 훔쳐보곤 했다. 하지만 '마술의 집'이라고도 하고 저주가 내린다는 소문도 있어서 집 안에 직접 들어가려는 사람은 없었다. 어느 날 두 남자가 용기를 내어 그 집에 들어가 보게 되었다. 친하지만 성격이 정반대인 둘은 따로따로 들어가기로 했다.

　먼저 들어간 마태오는 평소 웃음도 많고 유머가 있어서 그런지 얼굴도 항상 밝았다. 그가 집에 들어서자 모든 사람들이 그를 반겨 주었다. 집 안에는 사람들이 가득했고 모두 흥겹고 열정적이며 즐거워 보였다. 놀라운 모습에 들뜨고 흥분한 마태오는 밖으로 나와 자기가 본 광경을 신이 나서 사람들에게 전했다.

　한편 밖에서 마태오를 기다리고 있던 베드로는 평소 잘 웃지 않는 친구였다. 그는 항상 찌푸린 표정에 분노가 깃든 눈을 하고 있었다. 그는 마태오가 본 대로 이야기한 것을 믿지 않았다. 베드로는 그곳이 분명 저주받은 불행한 집이라고 확신하며 집 안으로 들어갔다. 그가 그곳에 들어서자 잔뜩 인상을 쓴 사람들이 불안과 의심에 찬 눈초리로 노려보듯, 그를 쳐다보았다. 왠지 겁이 난 베드로는 '당신들 모두 괴물처럼 못생겼어!'라고 소리쳤다. 그러자 사람들도 저마다 큰 소리로 화를 내며 떠들어 댔다. 베드로는 밖으로 뛰쳐나오며 원망하듯 마태오에게 말했다.

"어휴, 정말 재수 없고 이상한 집이야! 네 말은 역시 다 거짓이었어."

생각 넓히기

　세상은 마치 '천 개의 거울 집'과 같습니다. 기쁨과 평화로운 눈으로 세상을 보면 기쁨과 좋은 일이 가득해 보입니다. 그러나 증오나 불만, 긴장 속에서 살면 좋은 일은 하나도 일어나지 않을 것 같습니다. 세상은 마음의 거울을 통해 보입니다. 그리고 우리의 눈은 영혼과 마음의 창입니다. 우리 눈이 사람들을 향해 웃으면 상대방도 웃음으로 답합니다. 선행을 실천하면 선행으로 돌아옵니다. 미소 띤 얼굴로 친절하고 사랑하는 마음을 소중히 여기며 살아갈 때 삶은 보다 풍요로울 것입니다.

 오늘 내가 '거울 집'에 들어간다면 그곳은 어떤 모습일까요? 밝고 즐거운 곳일까요, 무섭고 기분 나쁜 곳일까요? 기쁨 안에서 덕을 쌓기 위한 노력은 인생을 풍요롭게 만들어 줍니다. 그것은 분명 가치 있는 노력입니다.

두 형제

선택 / 열정 / 공부 / 나태 / 성장 / 운

바오로와 요아킴이라는 형제가 있었다. 그들은 함께 자랐지만 성격이 너무 달랐다. 바오로가 성실하고 헌신적인 반면, 요아킴은 공부나 일은 뒷전이고 노는 데만 정신을 쏟았다. 가정 형편이 어려워 초등학교도 제대로 마치지 못한 그들 형제는 인근에 있는 큰 회사의 청소 직원으로 나란히 취직을 하게 되었다.

세월이 흘러, 형제에게 공부를 더 할 수 있는 기회가 생겼다. 회사에서 원하는 직원들에게 교육의 기회를 제공해 준 것이다. 바오로는 큰 꿈을 가지고 있었기에 기쁘게 그 기회를 받아들였고, 원래부터 공부에 흥미가 없던 요아킴은 친구들과 어울려 다니며 시간을 흘려보냈다. 회사에서 야근 작업이 필요할 때도 요아킴은 거짓으로 둘러대거나 핑계를 만들어 빠져나가기 일쑤였다. 회사는 직원에게 기술 교육도 제공했다. 바오로는 과정을 수료하고 기술을 습득한 반면, 요아킴은 교육은커녕 밤새 텔레비전을 보거나 친구들과 술을 마시며 흥청망청 보냈다. 회사는 계속해서 외국어 강좌나 전산 교육, 회계 수업 등을 진행했고 바오로는 가능한 모든 교육에 참여했다. 하지만 요아킴은 역시나 이 핑계 저 핑계를 대며 모두 무시했다.

  각종 교육을 수료한 덕분에 바오로는 승진을 하게 되었다. 그의 열정과 능력이 회사 간부들에게까지 알려졌기 때문이다. 그는 성실성과 책임감이 높이 평가되어 마침내 팀장이라는 자리에까지 앉게 되었다. 하지만 그는 우쭐대거나 거만한 기색 없이 여전히 겸손하게 배우는 자세로 열심히 일했다. 그런 바오로에게 회사에서는 창립 기념일에 전 직원들 앞에서 특별상을 주기로 했다. 오후 늦게 요아킴은 행사장을 청소하러 지나가고 있었다. 요아킴과 바오로가 형제인 줄을 모르고 한 직원이 요아킴에게 말을 건넸다.

"바오로, 저분 참 대단하지 않아요?"

"그러게요, 대단하지요. 제 형이랍니다."

"네? 세상에 이럴 수가! 그럼 형님은 팀장인데 당신은…?"

"그러게 말이에요, 인생 참…. 형은 운이 좋았고 저는 운이 없었던 거지요."

요아킴은 어두운 표정으로 슬그머니 그 자리를 떠났다.

생각 넓히기

 덕은 사고파는 물건이 아닙니다. 덕은 운이 아니라 스스로의 노력과 희생의 산물이기에 지속적으로 발전시키고 키워 나가야 합니다. 그것은 각자의 인격과 성향에 달려 있습니다. 인간의 삶 전체가 덕을 통해 드러나므로 선행을 실천하는 일은 매우 중요합니다. 자기 자신의 성장을 소홀히 하거나 포기하면 꿈을 이룰 수 없습니다. 매일 스스로 덕을 선택하고 실천하며 삶을 건설해야 합니다. 매순간 우리는 삶을 선택하고 그 결과를 책임지며 살아갑니다. 잘못된 선택을 하더라도 자책에 빠져 있지 말고 상황이 좋아지도록 해결점을 찾아보기 바랍니다.

 요아킴을 만나면 뭐라고 말해 주고 싶은가요? 잠시 자신의 삶을 돌아봅시다. 지금까지 어떤 선택을 하며 살아왔는지 생각해 봅시다. 자신의 꿈을 실현하기 위해 지금부터 어떤 태도를 선택하겠습니까? 나쁜 영향을 주는 생각들을 어떻게 하면 떨쳐 낼 수 있을 지 방법을 찾아보시기 바랍니다.

가장 큰 재산

재산 / 지혜 / 선택 / 성공 / 성장 / 부유함

유명한 현자가 산 속에 홀로 살며 사람들에게 훌륭한 가르침을 전하고 있었다. 한 젊은이가 소문을 듣고 현자를 찾아왔다. 그는 며칠 동안 숲 속을 헤매다가 간신히 현자의 동굴에 도착해 물었다.

"선생님! 세상의 모든 가난한 사람들을 도와주기 위해 큰 부자가 되고 싶습니다. 그만한 재산을 모을 수 있는 비결이 무엇인지 알려 주십시오."

현자는 침묵한 채 가만히 있다가 천천히 입을 열었다.

"인간의 마음속에는 두 가지 욕망이 있지요. 모든 사람은 그 두 욕망을 쫓지만, 사실 거기에는 커다란 비밀이 있답니다. 오늘 그 비밀을 알려 드리지요."

젊은이는 만족한 듯 미소를 지었고 현자는 말을

이었다.

"두 가지 욕망 중 하나는 '지혜'이고, 다른 하나는 '부유함'입니다. 누구나 두 욕망을 다 좋아하지만 그 중에 하나만 선택해야 합니다. 당신이 사랑을 베풀 생각이라면 '지혜'의 욕망을 쫓아야 합니다. 그리하면 '부유함'의 욕망은 '지혜'의 욕망을 시샘해서 당신이 '지혜'를 구할 때마다 '부유함' 역시 따라올 것입니다. 지혜의 욕망과 늘 함께하십시오. 풍요와 성공은 '지혜'를 어떻게 대하느냐에 달려 있습니다."

생각 넓히기

'지혜'에 관심을 가지면 많은 열매들을 수확할 것입니다. 지혜는 우리의 길을 밝혀 주고 창조적이고 적극적인 사람이 되도록 도와줍니다. 지혜의 도움 없이는 길을 잃기 쉽습니다. 젊은이가 '부유함'만 선택한다면 그 삶은 공허하고 빈껍데기뿐인 무의미한 여정이 될 것입니다. 지혜는 성공과 성장의 열쇠입니다. 삶의 성장을 위해 힘쓰십시오. 열정과 지혜를 통해 좀 더 나은 세상으로 나아갈 수 있습니다. 인생의 여정에서 얻은 경험을 통해 지혜를 배우십시오. 자기만의 소중한 경험들이 현자에 도달하는 열쇠가 될 것입니다.

 자신을 들여다봤을 때 두 가지 욕망 중 어떤 욕망을 갈망하나요? 어떤 선택을 했나요? 그 선택은 본인의 소신인가요, 사회적 분위기와 타협한 것인가요? 자신의 삶의 중심이 무엇이라고 생각하나요?

딱딱해진 빵이라도

연대감 / 친교 / 사랑 / 측은지심 / 동정심 / 진심 어린 대화

살다 보면 사소하지만 소중한 사건들을 만난다. 그러나 우리는 그 의미를 미처 깨닫지 못하고 무심코 지나쳐 버릴 때가 많다. 예를 들어 가난한 사람들에게는 물질적인 도움도 필요하지만, 그들이 정말 목말라하고 있는 것은 사람들의 애정 어린 관심이다. 즉 누군가가 자신의 이야기를 좀 들어 주었으면 하는 바람이다. 다음 이야기를 들어 보자.

토요일 늦은 오후, 한 남자가 집 앞 잔디에 물을 주고 있었다. 그때 담장 밖에서 남루한 옷차림의 소년이 애처로운 눈빛으로 서 있었다. 소년이 말했다.

"아저씨, 집에 남은 딱딱해진 빵이라도 좀 얻을 수 있을까요?"

대부분의 사람들이 구걸하는 사람을 만나면 외면하려 든다. 어찌해야 좋을지 몰라서 그렇기도 하고, 사실 그들 중 정말 도움이 절실한 사람이 몇이나 되는지도 알 수 없으므로 그냥 피해 버리기도 한다. 하지만 잔디에 물을 주던 남자는 그렇지 않았다! 이미 딱딱해진 빵이라도 좋으니 좀 달라는 소년의 애처로운 부탁이 그의 마음을 연민으로 가득 채웠다. 그가 소년에게 물었다.

"애야, 어디에 사니?"

소년은 그가 한 번도 가 본 적이 없는 멀리 떨어진 빈민가에 살고 있었다. 남자는 소년의 이름도 알게 되었다. 질문이 계속 이어졌다.

"학교에는 다니니?"
"아니요. 엄마가 계시지만 학용품 살 돈도 없는걸요."

계속 대화를 나누다 보니 남자는 소년의 처지가

딱해서 도와주고 싶은 마음이 커졌다. 그래서 빵 말고 뭐가 더 필요한지 물었다. 그러자 소년이 수줍은 듯 밝아진 표정으로 대답했다.

"아니, 없어요. 아저씨는 이미 제게 아주 많은 것을 주셨어요."

생각 넓히기

삶의 가혹함은 인간의 기본 권리, 특히 순진한 어린이의 기쁨과 희망과 사랑과 믿음까지 앗아갑니다. 많은 어린이들이 어려운 상황에 처해 있습니다. 물론 어른도 예외는 아닙니다. 이기주의와 개인주의가 만연한 세상에서 수없이 이런 일이 일어나고, 우리는 그 안에서 살고 있습니다. 사람들은 이웃의 신음 소리에 귀를 기울일 시간도 없고 관심도 없습니다. 누군가의 따뜻한 애정을 목말라하는 이웃을 외면할 뿐입니다.

 예수님은 "나는 살아 있는 빵이다."라고 하셨습니다. 이 빵이야말로 모든 사람들이 찾는 진짜 빵입니다. 길에서 또는 집에 찾아와 도움을 청하는 사람들에게 관심과 사랑을 갖는 것이 정말 그렇게 어려운 일일까요? 그들에게 어떤 도움을 줄 수 있을까요? 어려운 이웃에게 어떻게 관심과 호의를 전하면 좋을까요? 어떻게 하면 친교와 나눔을 통해 열정적으로 살아갈 수 있을까요?

불가능은 없다

초월 / 동기 / 우정 / 가능 / 확신 / 신념

어린아이들의 세상과 어른들의 세상은 어떤 차이가 있을까? 세월이 흐르면 누구나 나이를 먹고 늙어가는 동시에 사회 분위기에 순응하며 살아간다. 어릴 적 가졌던 수많은 꿈들은 시간의 흐름 속에 어디론가 흘러가 버리고 세상과 적당히 타협하면서 살아간다. 자존감도 점차 낮아지고 체념과 비관주의에 젖어 버린다.

흐리고 추운 어느 겨울 늦은 오후, 두 어린아이가 빙판 위에서 장난을 치며 놀고 있었다. 그런데 갑자기 얼음이 쩍 하고 갈라지더니, 한 아이가 강물 속에 빠져 버렸다. 친구가 물에 빠져 허우적대자, 다른 아이는 밧줄을 이용해 있는 힘을 다해 친구를 물에서 끌어냈다. 오직 친구를 구해야 한다는 일념뿐이었고, 그것은 둘 사이의 우정과 사랑의 결과였다. 구조대원이 도착해 상황을 파악한 후 아이에게 물었다.

"아니, 어떻게 그 작은 몸으로 친구를 물 밖으로

끌어낼 수 있었니? 네 몸은 아직 너무 작고 힘도 약했을 텐데!"

그러자 옆에 있던 한 노인이 대신 대답했다.

"이보게, 내가 다 보았다네. 그 아이가 어떻게 친구를 구했는지!"

거기 모인 사람들이 모두 동시에 물었다.

"어떻게요?"

노인이 대답했다.

"사고가 일어날 당시에 주변에는 아무도 없었다네. 이 아이는 근처에 있는 밧줄을 가져다가 친구에게 던지더니 끝까지 포기하지 않고 죽을힘을 다해

끌어당기더군. 불가능한 일을 가능하게 만드는 기적을 제 목숨을 걸고 이루어 낸 것이지."

생각 넓히기

    인간은 극단적인 상황에 직면할 때 한계를 뛰어넘는 능력을 발휘합니다. 또한 목표를 위해서 어려움과 장애물을 이겨 낼 수 있는 잠재력을 가지고 있습니다. 실패는 대부분 잘 돌아보면 그 원인을 찾을 수 있는데, 특별한 이유 없이 포기하는 경우가 많습니다. 노인의 말을 일상에서 기억해야 합니다. 사고 당시 아이의 주위에는 아무도 없었고 친구를 구조하는 일이 불가능하다고 말하는 사람도 없었습니다. 친구를 구할 수 있다는 일념만으로 최선을 다했던 것입니다. 긍정적으로 생각하고 다양한 방식으로 최선을 다하는 것, 이것이 성공의 열쇠입니다.

 자신의 꿈이나 계획을 실현할 수 있는 원동력은 무엇입니까? 무엇이 낙담하게 만드나요? 부정적인 생각이나 비난하는 말에 영향을 받는 편인가요? 남의 행동이나 말에 어떻게 반응하나요? 다른 사람의 견해를 받아들이는 편인가요, 아니면 비판적인 편인가요?